Le DICTIONNAIRE de Clifford

D'après les livres de la collection *Clifford le gros chien rouge* créée par Norman Bridwell et publiée aux Éditions Scholastic

Éditions
SCHOLASTIC

Catalogage avant publication de Bibliothèque et Archives Canada

Le dictionnaire de Clifford / texte français de Louise Monge.

Traduction de: Clifford's big dictionary.
Basé sur la collection Clifford, le gros chien rouge par Norman Bridwell.
ISBN 978-1-4431-2927-5

1. Dictionnaires illustrés pour la jeunesse français. 2. Français (Langue)--
Dictionnaires pour la jeunesse. 3. Clifford (Personnage fictif : Bridwell)--
Dictionnaires pour la jeunesse. I. Bridwell, Norman

PC2629.D5219 2013   j443'.17   C2013-901296-6

Produit par Downtown Bookworks Inc.

Conception de la couverture : Angela Navarra
Conception de l'intérieur du livre : Georgia Rucker Design

5 4 3 2 1   Imprimé à Singapour 46   13 14 15 16 17

Le DICTIONNAIRE de Clifford
Table des matières

🦴 Comment utiliser ce livre 🦴

Un dictionnaire est un gros livre de mots. Dans *Le Dictionnaire de Clifford*, tu trouveras des images de Clifford, de ses amis et de bien des choses qui t'apprendront des mots.

Tu connais sûrement certains mots de ce livre, mais tu en découvriras de nouveaux. Chaque mot est assorti d'une image qui t'aidera à comprendre le sens de ce mot si tu es un lecteur débutant.

Les mots d'une même section commencent tous par la même lettre. La majuscule et la minuscule de cette lettre apparaissent au début de la section, accompagnées d'un très gros Clifford.

Les lettres sont dans l'ordre alphabétique. La première lettre est le A, puis vient le B, puis le C et ainsi de suite. La dernière lettre de l'alphabet est le Z. Si tu sais réciter la chanson de l'alphabet, tu connais déjà l'ordre des lettres. Sur le bord droit de chaque page, tu peux voir la liste de toutes les lettres de l'alphabet. Si tu te trouves à la section du B, par exemple, le B de la liste sera surligné en rouge. Si tu te trouves à la section du P, c'est le P qui sera surligné en rouge.

N'hésite pas à explorer différentes sections de ce livre pour apprendre de nouveaux mots. Tu peux aussi aller directement à la page d'un mot si tu sais par quelle lettre il commence. Par exemple, si tu sais que **voiture** commence par un V, tu peux retrouver la section du V en t'aidant de la barre alphabétique et en cherchant un V surligné en rouge.

Le numéro de la page apparaît en bas.

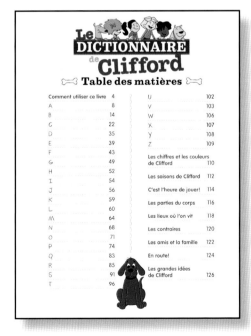

Tu peux aussi te servir de la table des matières pour trouver la page de la section du V.

Comment utiliser ce livre

gâteau

Ce délicieux **gâteau** a un glaçage rose.

Chaque mot est suivi d'une phrase contenant ce mot. Grâce à cette petite phrase et à l'image, tu apprendras le sens du mot. Le mot représenté sur le dessin apparaît en gras et en rouge dans la phrase.

Parfois, il n'y aura qu'une seule chose représentée. Le mot désignant cette chose figurera au-dessus du dessin.

D'autres fois, tu verras plusieurs choses en même temps sur l'image. Pour t'aider, une flèche bleue ou une flèche rouge t'indique quel est le mot décrit.

carotte

Les lapins et les gens aiment bien manger des **carottes** croquantes.

Et maintenant, il ne te reste
plus qu'à tourner la page
pour commencer!

Clifford et Émilie aiment lire.
Amuse-toi à apprendre
avec eux!

abeille

L'**abeille** fait « bzzzz ».

à côté

L'homme et la femme sont assis l'un **à côté** de l'autre sur le banc.

s'accrocher

Nonosse **s'accroche** à la queue de Clifford.

aider

Clifford aime bien **aider**. Il **aide** les enfants à traverser la rivière.

air

Cléo et Nonosse s'envolent haut, très haut dans les **airs**.

s'agenouiller

Émilie **s'agenouille** pour caresser son petit chiot.

aimer

Émilie **aime** son gros chien rouge.

ami

Émilie passe beaucoup de temps avec ses **amis** Clara et Charlie… et leur chien!

s'amuser

Clifford **s'amuse** à faire le camion de pompiers.

animal

Les chiens, les chats, les lapins et les écureuils sont tous des **animaux**.

appareil photo

Un **appareil** **photo** sert à prendre des photos.

ancre

Une **ancre** permet à un bateau de rester en place sur l'eau.

anniversaire

Pour son **anniversaire**, Émilie a organisé une fête!

après

Après Clara, c'est le tour de Charlie.

araignée

L'**araignée** pend
à son fil.

arbre

Cet **arbre** est
très vert.

arc-en-ciel

Après la pluie, regarde s'il y a
un **arc-en-ciel**.

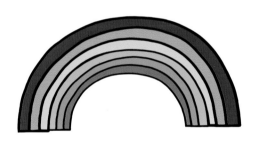

arrière

Clifford court et regarde en **arrière**.
Fais attention Clifford!

artiste

Émilie aime peindre. C'est
une **artiste**.

assis

Nonosse est **assis** sur la patte
de Clifford.

A a
B b
C c
D d
E e
F f
G g
H h
I i
J j
K k
L l
M m
N n
O o
P p
Q q
R r
S s
T t
U u
V v
W w
X x
Y y
Z z

à travers

Cléo saute **à travers** le cerceau.

attendre

Clifford **attend** son repas.

au-dessus

Le ballon est **au-dessus** de la main d'Émilie.

atteindre

Émilie arrive tout juste à **atteindre** le nez de Clifford.

attraper

Clifford va **attraper** la balle.

au revoir

Émilie dit **au revoir**.

autobus

Beaucoup d'enfants prennent l'**autobus** pour aller à l'école.

automne

À l'**automne**, Clifford, Émilie et Charlie jouent dans les feuilles.

avancer

Clifford fait **avancer** le bateau. Il souffle dans les voiles.

avant

Clifford va glisser **avant** le garçon.

avion

Le petit **avion** peut voler.

bain

Clifford prend un **bain** avec
son canard en plastique.

balai

Le **balai** sert
à nettoyer le sol.

se **balancer**

Clifford aide tous ses amis à **se balancer** de haut en bas.

balançoire

On peut s'amuser sur les **balançoires** au parc.

baleine

Les **baleines** sont les plus grosses créatures de l'océan!

balle de baseball

Le lanceur envoie la **balle de baseball** au frappeur.

ballerine

Émilie est une jolie **ballerine** dans son tutu.

ballon

C'est amusant de lancer, d'attraper, et de faire rebondir un **ballon**.

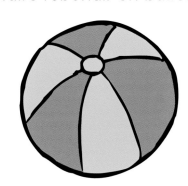

banc

Au parc, on peut s'asseoir sur un **banc** pour se reposer.

barque

Il faut ramer pour faire avancer une **barque**.

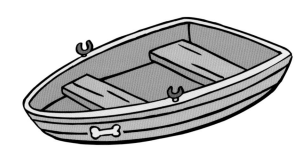

barrière

Pour passer de l'autre côté de la clôture, il faut ouvrir la **barrière**.

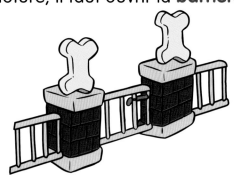

basketball

Clifford aide les enfants à jouer au **basketball**.

bâton

Si Émilie lance un **bâton**, Clifford court l'attraper.

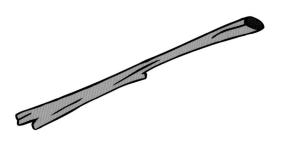

bâton de baseball

Le frappeur frappe la balle avec son **bâton de baseball**.

beaucoup

Émilie sourit **beaucoup**.

bébé

Quand Clifford était **bébé**, il était très petit.

bêtise

Clifford a fait une **bêtise**.

bétonnière

Une **bétonnière** est un camion qui transporte et verse du ciment.

bijou

Mme Ronchon aime porter des **bijoux**. Elle a mis un bracelet et des boucles d'oreille.

blague

Clifford vient d'entendre une **blague** très drôle.

bocal

On a mis les friandises pour chien dans le **bocal**.

boîte

Cette **boîte** est remplie de biscuits.

boîte aux lettres

Pour poster une lettre, mets-la dans une **boîte aux lettres**.

boîte repas

Tu peux apporter ton dîner dans une **boîte repas**.

bol

Clifford a un **bol** pour la nourriture et un pour l'eau.

bon

Émilie aime sauter à la corde. C'est **bon** par la santé.

bonbon

Les **bonbons** sont sucrés.

bond

Delphinette la lapine aime faire des **bonds**.

borne d'incendie

Les pompiers raccordent leur tuyau à la **borne d'incendie**. Ainsi ils ont de l'eau pour éteindre le feu.

botte

Les **bottes** gardent les pieds bien au chaud et au sec quand il neige ou qu'il pleut.

bouchée

Quelqu'un a pris une **bouchée** de cet os pour chien.

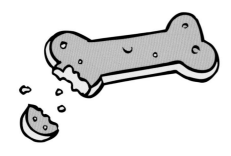

boucle

Nonosse et Cléo ont noué une **boucle** à la queue de Clifford.

bouée de sauvetage

Une **bouée de sauvetage** peut sauver une vie.

bougie

Il y a une **bougie** sur le gâteau d'anniversaire.

boule de neige

La **boule de neige** devient de plus en plus grosse tandis qu'Émilie la roule dans la neige.

bouton

Le manteau de M. Miyori
a trois gros **boutons**.

bulle

Clifford aime
les bains avec
beaucoup de **bulles**.

bureau de poste

Tu peux déposer une lettre dans
une boîte aux lettres ou au
bureau de poste.

but

Clifford frappe
le ballon de
soccer et
marque
un **but**.

A a
B b
C c
D d
E e
F f
G g
H h
I i
J j
K k
L l
M m
N n
O o
P p
Q q
R r
S s
T t
U u
V v
W w
X x
Y y
Z z

cache-oreilles

Le **cache-oreilles** de Clifford
protège ses oreilles du froid.

se **cacher**

Clifford essaie de **se cacher** derrière
l'arbre. Le vois-tu?

cadeau

C'est gentil de faire une surprise à tes amis en leur offrant des **cadeaux**.

camion

On peut charger plein de nourriture pour chien dans ce gros **camion** rouge.

camion de la poste

Le facteur distribue les lettres et les paquets avec le **camion de la poste**.

câlin

Émilie fait un gros **câlin** à Clifford.

camion de crème glacée

Tout le monde est content de voir arriver le **camion de crème glacée**.

camion d'incendie

Le **camion d'incendie** fait retentir sa sirène dans les rues.

camionnette

Une **camionnette** peut transporter de grosses choses.

caniche

Cléo est un **caniche** violet. Elle aime se faire toiletter.

canne à pêche

La **canne à pêche** permet d'attraper les poissons.

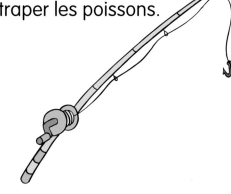

canne en sucre

Les **cannes en sucre** ont un goût de menthe.

cape

Nonosse porte une **cape** comme les superhéros.

caravane flottante

Samuel vit sur une **caravane flottante**, une maison qui flotte sur l'eau.

carotte

Les lapins et les gens aiment bien manger des **carottes** croquantes.

carrousel

Un **carrousel** tourne encore et encore. Sur celui-ci, on peut grimper sur des animaux.

carte

Une **carte** est une image qui représente un endroit. Voici la carte du village de Birdwell.

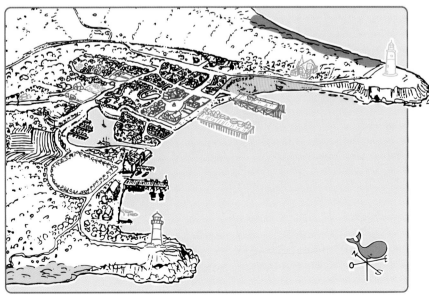

caserne de pompiers

Les camions d'incendie sont garés dans la **caserne de pompiers**.

casque

C'est important de porter un **casque** quand tu fais du vélo.

casquette

Cette **casquette** est bien trop grande pour Clifford.

cerceau

Clifford fait tourner le **cerceau**.

cerf-volant

Quand il y a du vent, tu peux faire voler un **cerf-volant**.

chandail

Charlie porte un **chandail** à rayures.

chanter

Émilie **chante**
« Joyeux anniversaire ».

chapeau

Un **chapeau** peut te tenir au chaud ou te protéger du soleil.

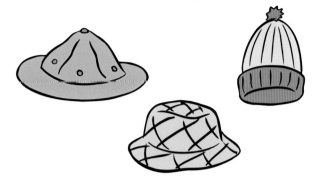

chaque

Chaque feuille a une forme et une couleur différente.

chariot

Tu peux remplir ton **chariot** de jouets.

chat

Les **chats** ont des moustaches et une longue queue.

château de sable

On fait des **châteaux de sable** avec du sable mouillé.

A a
B b
C c
D d
E e
F f
G g
H h
I i
J j
K k
L l
M m
N n
O o
P p
Q q
R r
S s
T t
U u
V v
W w
X x
Y y
Z z

chaton

Un **chaton** est un bébé chat.

chaud

Ce chocolat est bien **chaud**.

chaussure

Les **chaussures** protègent les pieds.

chauve-souris

Les **chauves-souris** sortent la nuit.

cheminée

Clifford voit le père Noël entrer par la **cheminée**.

chez-soi

Cette niche est le **chez-soi** de Clifford.

chien

Clifford est le **chien** le plus gros et le plus rouge au monde.

chiot

Clifford était un petit **chiot** rouge.

chuchoter

Émilie **chuchote** un secret à l'oreille de Clifford.

ciel

Le **ciel** est bleu et dégagé.

A a
B b
C c
D d
E e
F f
G g
H h
I i
J j
K k
L l
M m
N n
O o
P p
Q q
R r
S s
T t
U u
V v
W w
X x
Y y
Z z

citrouille

Les **citrouilles** sont rondes et orange.

citrouille d'Halloween

Cette **citrouille d'Halloween** ne fait pas très peur.

Clifford

C comme **Clifford**.

clôture

La **clôture** autour de la cour empêche les chiens de s'enfuir.

coccinelle

Les **coccinelles** ont de petits points noirs sur les ailes.

cœur

Voici un **cœur** rose
et un **cœur** rouge.

content

Cléo est très
contente de
voir ses amis
arriver.
Elle a hâte de
jouer avec eux.

corde à sauter

Clifford est
agile à la
corde à sauter.

coffre à jouets

Clifford range ses jouets dans
son **coffre à jouets**.

coquillage

Sur la plage, tu peux ramasser
de jolis **coquillages**.

coude

Tes bras se plient
au niveau
du **coude**.

couper

Les ciseaux servent à **couper** le papier.

cour

La **cour** de Cléo est remplie de jeux amusants.

courir

Clifford adore **courir**!

couronne de Noël

Clifford porte une **couronne de Noël** autour du cou.

courrier

Ça fait plaisir de recevoir du **courrier** de ses amis.

courtepointe

Émilie a une **courtepointe** mauve sur son lit.

cousin

Ce chien est le **cousin** de Clifford. C'est le chien de la cousine d'Émilie.

couvrir

Nonosse se **couvre** les yeux pendant que ses amis vont se cacher.

crabe

Les **crabes** rampent au fond des océans.

crayon

Un **crayon** sert à écrire ou à dessiner.

crayon de cire

Les **crayons de cire** permettent de faire de jolis dessins.

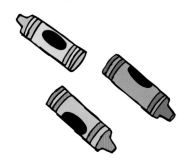

crème glacée

Il existe beaucoup de délicieux parfums de **crème glacée**.

creuser

Clifford aide à **creuser** un trou profond.

crier

Émilie **crie** à Clifford que le repas est prêt.

cube

Tu peux empiler des **cubes**.

cuisiner

Émilie aime bien **cuisiner**. Elle a fait un gâteau! Miam!

A a
B b
C c
D d
E e
F f
G g
H h
I i
J j
K k
L l
M m
N n
O o
P p
Q q
R r
S s
T t
U u
V v
W w
X x
Y y
Z z

dans

On a mis des friandises pour chien **dans** le sac à friandises.

danser

Clifford aime **danser** au son de la musique.

35

dauphin

Les **dauphins** aiment sauter hors de l'eau.

décorer

Clifford aide Émilie à **décorer** le sapin de Noël.

délicieux

Clifford trouve les hot dogs vraiment **délicieux**.

debout

Émilie est **debout** sur ses deux pieds, Clifford est **debout** sur ses quatre pattes.

dehors

Clifford et Émilie aiment jouer **dehors**.

se demander

Nonosse **se demande** ce qui est arrivé à son os.

dent

Les **dents** de Clifford sont blanches et propres.

derrière

Nonosse se cache **derrière** la patte de Clifford.

se **détendre**

Après une journée bien remplie, Clifford aime **se détendre**.

dernier

Machiavel est le **dernier** chien à plonger dans la gamelle.

descendre

Clifford et Émilie s'amusent à **descendre** la colline en patins à roulettes.

différent

Les deux ballons sont de couleurs **différentes**.

disque volant

Clifford sait attraper le **disque volant** dans sa gueule.

donner

Émilie est contente de **donner** un valentin à Clifford.

dormir

Clifford aime bien **dormir**.

dos

Clifford est couché sur le **dos**.

drapeau

Il y a un gros os pour chien sur ce **drapeau**.

drôle

Clifford rit parce qu'il vient d'entendre quelque chose de très **drôle**.

A a
B b
C c
D d
E e
F f
G g
H h
I i
J j
K k
L l
M m
N n
O o
P p
Q q
R r
S s
T t
U u
V v
W w
X x
Y y
Z z

échelle

Avec une **échelle**, tu peux atteindre des choses qui sont hautes.

échine

Clifford se gratte l'**échine**.

école

À l'**école**, tu apprends plein de choses.

écrire

Clifford sait **écrire** son nom.

écureuil

Les **écureuils** ont de grandes queues touffues.

effrayé

Cléo est **effrayée**. Quelque chose lui a fait peur.

Émilie

Émilie est la meilleure amie de Clifford.

endormi

Clifford a beaucoup joué aujourd'hui, puis il s'est **endormi**.

enfant

Les **enfants** sont plus petits et plus jeunes que les adultes.

en haut

Clifford est tout **en haut** de la pyramide d'amis.

ensemble

Clifford et ses amis passent beaucoup de temps **ensemble**.

enterré

Clifford est **enterré** dans le sable.

entre

Clifford se glisse **entre** les pieds d'Émilie.

enveloppe

On met les lettres dans des **enveloppes** pour les poster.

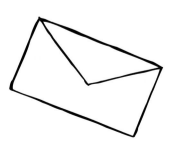

équilibre

Clifford est vraiment fort; il arrive à tenir en **équilibre** sur ses pattes avant.

escargot

Les **escargots** portent leur coquille.

étoile

Les **étoiles** scintillent dans la nuit.

étoile de mer

Parfois, des **étoiles de mer** échouent sur la plage.

exercice

Émilie aime bien faire de l'**exercice**. Elle sait que bouger, c'est bon pour le corps.

extraterrestre

Un **extraterrestre** vient d'arriver dans son vaisseau spatial.

faim

Clifford a vraiment **faim**.
Il a hâte de manger.

faire le beau

Nonosse est toujours prêt à **faire le beau** pour avoir une friandise.

fantôme

Clifford est déguisé en gros **fantôme** blanc.

fatigué

Il est presque l'heure d'aller se coucher. Clifford est **fatigué**.

fauteuil

Émilie aime lire bien installée dans son **fauteuil**.

fauteuil roulant

Grâce à son **fauteuil roulant**, Marie peut se déplacer.

se **féliciter**

Charlie et Émilie **se félicitent** en se tapant dans la main.

fenêtre

Regarde par la **fenêtre** pour savoir quel temps il fait.

fête

Clifford s'amuse bien à la **fête**.

feuille

C'est amusant de sauter dans les **feuilles** en automne.

fermeture éclair

Le chandail de M. Mignon a une **fermeture éclair**.

feu de circulation

Quand le **feu de circulation** est rouge, il faut s'arrêter.

ficelle

Clifford tire sur la **ficelle** du cerf-volant.

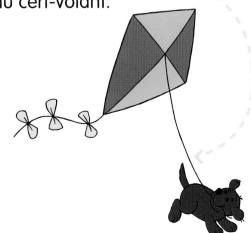

fier

Nonosse est **fier** parce qu'il a gagné une médaille.

filet

Émilie attrape des poissons dans son **filet** de pêche.

fille

Clara, cousine Laura, Marie et Émilie sont toutes des **filles**.

flatter

Émilie aime **flatter** son petit chiot.

fleur

Les **fleurs** poussent au printemps quand il fait chaud dehors.

flocon de neige

Clifford essaie
de manger
des **flocons de neige**.

flotter

Clifford sait
flotter sur
le dos.

foncer

Clifford et ses amis **foncent** en
patins à roulettes.

fort

Clifford est trop **fort**. Les autres
joueurs ne peuvent pas l'arrêter.

foulard

Un **foulard** tient le cou au chaud
quand il fait froid.

fourrure

Clifford a une **fourrure** rouge.

frapper

Clifford s'apprête à **frapper** la balle avec son bâton. =

frère

Flo est le **frère** de Zo. Ils ont le même père et la même mère.

froid

Cette boisson a l'air bonne et bien **froide**.

fruit

Les pommes et les ananas sont deux sortes de **fruits**.

gant de baseball

Avec un **gant de baseball**, c'est plus facile d'attraper la balle.

garçon

Juan, Charlie et Daniel sont des **garçons**.

gâteau

Ce délicieux **gâteau** a un glaçage rose.

genou

Émilie tient un livre sur ses **genoux**.

glisser

Émilie adore **glisser** au terrain de jeu.

goûter

Clifford essaie de **goûter** le camion de crème glacée.

grand

Ce joueur de basketball est très **grand**.

grandir

Ce petit chiot va **grandir**, **grandir**, **grandir** et devenir un gros chien.

grange

Clifford et ses copains se cachent autour de la **grange**.

grassouillet

Mme Kaminski est une souris bien **grassouillette**.

grenouille

Cette **grenouille** est verte.

grimper

Clifford doit **grimper** sur son camion pour atteindre les os.

gros

Clifford est vraiment un **gros** chien.

A a
B b
C c
D d
E e
F f
G g
H h
I i
J j
K k
L l
M m
N n
O o
P p
Q q
R r
S s
T t
U u
V v
W w
X x
Y y
Z z

hamburger

Certains enfants aiment bien mettre du ketchup dans leur **hamburger**.

hanche

Émilie fait tourner le cerceau autour de ses **hanches**.

haut

Clifford vole **haut** dans le ciel.

heureux

Émilie est **heureuse** quand elle est avec Clifford.

hourra

Hourra! Clifford et Émilie vont partir en voyage.

herbe

L'**herbe** est douce et verte.

hot dog

Voici un **hot dog** pour le dîner.

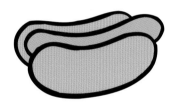

hurler

Clifford et ses amis se mettent à **hurler** à la lune.

A a
B b
C c
D d
E e
F f
G g
H h
I i
J j
K k
L l
M m
N n
O o
P p
Q q
R r
S s
T t
U u
V v
W w
X x
Y y
Z z

idée

Clifford a eu la bonne **idée** d'emmener Émilie en balade.

impressionné

Nonosse est **impressionné**.
Il reste bouche bée.

indiquer

Mlle Carillon utilise
sa baguette pour
indiquer les lettres.

instrument

La trompette et le tambour
sont deux sortes d'**instruments**
de musique.

intérieur

Clifford est à l'**intérieur**
du sac à dos d'Émilie.

A a
B b
C c
D d
E e
F f
G g
H h
I i
J j
K k
L l
M m
N n
O o
P p
Q q
R r
S s
T t
U u
V v
W w
X x
Y y
Z z

jamais

Clifford n'est **jamais** méchant avec ses amis.

jambe

Les chaussettes d'Émilie montent haut sur ses **jambes**.

japper

Quand il était petit, Clifford aimait beaucoup **japper**.

jeu

Clifford joue à un **jeu** avec Cléo et Nonosse.

jouer

Tout le monde aime **jouer** avec Clifford.

jetée

Une **jetée** s'avance vers le large. Voici la **jetée** de l'île de Birdwell.

jeune

Quand Clifford était **jeune**, il était tout petit.

jouet

On s'amuse bien avec des **jouets** comme des oursons, des cubes et des petits bateaux.

journal

Si tu lis le **journal**, tu sauras ce qui se passe dans le monde.

joyeux

Clifford est un chiot très **joyeux**.

jumelles

Les **jumelles** permettent de voir des choses qui sont très loin.

jupe

Émilie porte une **jupe** noire.

A a
B b
C c
D d
E e
F f
G g
H h
I i
J j
K k
L l
M m
N n
O o
P p
Q q
R r
S s
T t
U u
V v
W w
X x
Y y
Z z

kilomètre

En balade, Clifford aime
parcourir des **kilomètres**.

kung-fu

Parfois, Clifford
fait du **kung-fu**.

lâcher

Émilie a **lâché** un bout de sa corde à sauter.

lancer

Clifford peut **lancer** le ballon très loin.

langue

Quand Clifford ouvre la gueule, on peut voir sa **langue**.

lapin

Le premier animal de compagnie d'Émilie était une **lapine** appelée Delphinette.

laver

Laver Clifford avec de l'eau et du savon, c'est beaucoup de travail.

lécher

Clifford **lèche** Émilie.

légume

Les carottes, le brocoli et la laitue sont des **légumes**.

A a
B b
C c
D d
E e
F f
G g
H h
I i
J j
K k
L l
M m
N n
O o
P p
Q q
R r
S s
T t
U u
V v
W w
X x
Y y
Z z

lettre

L'alphabet compte 26 **lettres**!

linge

Clifford et ses amies les souris jouent dans le panier à **linge**.

lire

Émilie aime **lire** des livres.

lit

Quand Clifford était petit, il dormait dans ce **lit**.

livre

C'est très amusant de lire des **livres**!

long

Ce chien a le poil très **long**.

lune

La nuit, la **lune** brille dans le ciel.

lunettes

Samuel porte des **lunettes** pour mieux voir.

lunettes de natation

Quand on nage, il vaut mieux porter des **lunettes de natation** pour protéger ses yeux.

magasin

Dans les **magasins** près de la mer, on trouve des jouets de plage.

maison

Certaines personnes habitent dans des **maisons** comme celle-ci.

maïs soufflé

Le **maïs soufflé** peut être sucré ou salé.

maman

Mme Mignon est la **maman** d'Émilie.

manger

Nonosse adore **manger** des os.

marche

Clifford aime bien faire de longues **marches**.

marquer

Marquer un panier pour son équipe, c'est très facile pour Clifford.

masque

Émilie porte un **masque** qui ressemble à Clifford.

mer

Clifford joue dans la **mer** avec ses amis.

milieu

Flo, Clifford et Zo sont assis ensemble. Clifford est au **milieu**.

minuscule

Clifford était un chiot **minuscule**.

mitaine

Les **mitaines** gardent les mains au chaud quand il fait froid dehors.

montre

Mme Pincebec porte une **montre**. Elle sait toujours quelle heure il est.

montrer du doigt

Émilie **montre** le papillon **du doigt**.

mouette

Les **mouettes** vivent près de l'eau et mangent du poisson.

mouillé

Quand il sort du bain, Clifford est tout **mouillé**.

musique

Tu peux faire de la **musique** avec ta voix ou avec un instrument.

nager

Clifford et Émilie aiment **nager** dans l'océan.

nez

Nonosse se fait pincer le **nez** par un crabe. Ouille!

niche

Clifford se repose dans sa **niche** rouge.

nid

Les oiseaux vivent dans des **nids**.

nœud

Clara a fait un **nœud** autour de son cou avec son chandail.

nombre

À l'école, on apprend les chiffres et les **nombres**.

nourriture

Les gens et les animaux ne mangent pas la même **nourriture**.

nouveau

Regarde le **nouveau** jouet de Clifford!

nuage

Les **nuages** sont gris ou blancs et peuvent avoir des formes très différentes.

nuit

La **nuit**, parfois, les chiens hurlent à la lune.

œil

Clifford garde l'œil bien ouvert.

œuf

Les **œufs** de ce panier de Pâques sont magnifiques.

oh

Oh! Émilie est très étonnée de ce que son ami vient de faire.

oiseau

Ces **oiseaux** vivent sur l'île de Birdwell.

ombre

Nonosse et Cléo restent à l'**ombre** du parasol.

oreille

Clifford a des **oreilles** pendantes.

os

Les chiens aiment bien ronger les **os**.

ou

Les lumières peuvent être allumées **ou** éteintes.

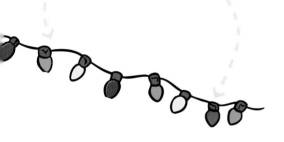

outil

Avec ces **outils**, on peut construire ou réparer des choses.

ouvert

La petite porte est **ouverte**. Qui est sorti?

panier

Le **panier** de Clifford est plein de fleurs.

panneau

Ce **panneau** indique un arrêt d'autobus.

papa

M. Mignon est le **papa** d'Émilie.

papier

Tu peux dessiner sur du **papier**.

papillon

Il y a un **papillon** mauve et un papillon bleu.

parade

Clifford, Émilie et Charlie participent à la **parade**.

parapluie

Le **parapluie** protège de la pluie.

parler

Clifford **parle** au poisson.

patin à glace

Clifford et Émilie font du **patin à glace** sur l'étang gelé.

pâtisserie

Cette **pâtisserie** est à la vanille et au chocolat.

pédale

Le vélo a des **pédales** pour faire tourner les roues.

pédaler

Émilie doit **pédaler** pour avancer.

peinture

Si tu mélanges de la **peinture** jaune avec de la **peinture** bleue, tu obtiens de la **peinture** verte.

pelle

Tu peux creuser dans le sable avec cette **pelle**.

personne

Personne ne dort dans ce lit.

petit

Ce **petit** oiseau jaune et bleu est l'ami de Clifford.

peur

Clifford a **peur** de la citrouille d'Halloween.

phare

Le **phare** envoie une lumière vers la mer pour que les marins sachent qu'ils approchent des côtes.

phoque

Les **phoques** sont de bons nageurs.

pieuvre

Une **pieuvre** a huit tentacules qui sont comme des bras.

pigeon

Les **pigeons** sont des oiseaux qui vivent dans les villes.

pinceau

Sers-toi d'un **pinceau** pour faire un beau tableau plein de couleurs.

pique-nique

Les fourmis volent le **pique-nique** de Clifford.

piscine

Clifford et ses amis s'éclaboussent dans la **piscine**.

plage

Clifford et Émilie jouent au cerf-volant à la **plage**.

plein

Plein d'animaux descendent en même temps sur la glissoire.

pleurer

Quand Émilie est triste, il lui arrive de **pleurer**.

plonger

Nonosse et Cléo **plongent** dans le bol de Clifford pour s'y baigner.

pluie

Clifford protège ses amis de la **pluie**.

plume

L'oiseau Figaro a des **plumes** bleues.

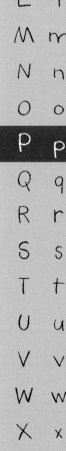

A a
B b
C c
D d
E e
F f
G g
H h
I i
J j
K k
L l
M m
N n
O o
P p
Q q
R r
S s
T t
U u
V v
W w
X x
Y y
Z z

poche

M. Labrosse a un peigne et une brosse dans sa **poche**.

poignée

Tu tires un chariot par sa **poignée**.

pointe des pieds

Clifford s'éloigne sur la **pointe des pieds** pour ne pas faire de bruit.

poisson

Voici deux **poissons** : un orange et un bleu.

pomme

Les **pommes** poussent sur les pommiers.

pompier

Les **pompiers** éteignent les incendies.

porte

La **porte** sert à entrer et à sortir de la maison.

poubelle

On jette les ordures dans la **poubelle**.

présent

Surprise! Émilie va offrir un **présent** à quelqu'un.

présenter

Émilie **présente** son chien, Clifford.

presque

Le château de sable de Cléo et de Nonosse est **presque** aussi grand que Clifford.

A a
B b
C c
D d
E e
F f
G g
H h
I i
J j
K k
L l
M m
N n
O o
P p
Q q
R r
S s
T t
U u
V v
W w
X x
Y y
Z z

prêt

Émilie se tient **prête** à frapper la balle de baseball.

prochain

Cléo est la **prochaine** à glisser.

profiter

Clifford **profite** d'une belle journée à la plage.

promenade

Émilie aime faire des **promenades** sur le dos de Clifford.

provision

Clifford aide l'écureuil à faire des **provisions**.

puissant

Clifford a une voix très **puissante**.

quai

Clifford, Émilie et leurs amis
pêchent sur le **quai**.

A a
B b
C c
D d
E e
F f
G g
H h
I i
J j
K k
L l
M m
N n
O o
P p
Q q
R r
S s
T t
U u
V v
W w
X x
Y y
Z z

quatre

Clifford vole avec **quatre** parachutes.

question

Émilie pose une **question** :
« Est-ce qu'il y a quelqu'un? »

queue

Attention! Clifford remue la **queue**.

rail

Les trains roulent sur des **rails**.

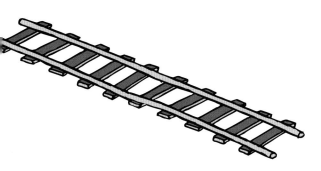

rame

On se sert d'une **rame** pour pagayer et faire avancer une barque.

ramper

Émilie **rampe** par terre.
Que cherche-t-elle?

rapide

Flo est un chat très **rapide**.

rapporter

Clifford attrape
le disque volant
qu'il va ensuite
rapporter à Émilie.

raquette de tennis

Au tennis, tu frappes la balle
avec une **raquette de tennis**.

râteau

À l'automne, tu te sers
d'un **râteau** pour ramasser
les feuilles.

ayures

milie porte
es bas
rayures roses
noires.

rebondir

Émilie s'exerce à
faire **rebondir**
le ballon.

réchauffer

Clifford aime bien se **réchauffer**
dans une mitaine.

réfléchir

Émilie semble
réfléchir.
Que va-t-elle
faire aujourd'hui?

rejoindre

Les amis de Clifford sont venus
le **rejoindre** à la cime de l'arbre.
Ils peuvent voir très loin de là-haut.

remplir

Émilie **remplit** le seau de sable.

remuer

Cléo est contente;
elle **remue**
la queue.

renifler

Clifford aime bien **renifler**. Son flair
lui apprend beaucoup de choses.

renverser

Oups! Quelqu'un a **renversé**
la peinture.

repousser

La grenouille **repousse** Nonosse.

restaurant

Au **restaurant**, on sert des repas.
Dans celui-ci, on sert du poisson.

rêvasser

Clifford **rêvasse** souvent.

rien

Il n'y a rien sur ce cintre.

rire

Clifford se met à **rire** quand ses amis font des choses drôles.

robinet

Le **robinet** est ouvert. L'eau sort du tuyau.

rond

La plupart des ballons sont **ronds**.

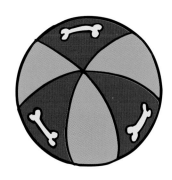

rouler

Clifford **roule** avec le ballon.

se **rouler en boule**

Clifford aime **se rouler en boule** pour faire une sieste.

ruban

Il y a un **ruban** rouge et un **ruban** vert.

ruban adhésif

Clifford a utilisé un peu trop de **ruban adhésif**.

rue

La maison d'Émilie se trouve dans cette **rue**.

sable

Il y a beaucoup de **sable** à la plage.

sac

Le **sac** est rempli des friandises préférées de Clifford.

sac à dos

Un **sac à dos** peut servir à transporter un livre et un goûter.

sage

Clifford est très **sage**; il ne fait pas de bruit.

saluer

Émilie **salue** quelqu'un qu'elle connaît.

sauter

Émilie peut **sauter** très haut.

seau

À la plage, tu peux remplir ton **seau** de sable.

serviette

Tu te sèches avec une **serviette** quand tu sors de l'eau.

sieste

Clifford se blottit contre son ours en peluche pour faire une **sieste**.

s'il te plaît

Clifford dit toujours **s'il te plaît** quand il demande quelque chose.

ski

Clifford et Émilie font du **ski** alpin.

soccer

Les enfants ont besoin d'un ballon pour jouer au **soccer**.

sœur

Zo est la **sœur** de Flo. Ils sont de la même famille.

soleil

Le **soleil** brille dans le ciel.

sombre

La nuit, il fait **sombre** dehors.

souffler

Clifford **souffle** sur
sa bougie pour l'éteindre.

sourire

Le **sourire** de Clifford rend
tout le monde heureux.

SOUS

L'oiseau est **sous** le banc.

suivre

Clifford veut **suivre** Émilie en patins à roulettes.

sur

Clifford est assis **sur** le gant de baseball.

surf

Émilie va faire du **surf** quand il y a de grosses vagues.

tableau

Émilie peint un **tableau** de son chien préféré.

taches

Ce chien a des **taches** brunes sur le dos et sur la queue.

taxi

En ville, on peut prendre un **taxi** pour aller d'un endroit à l'autre.

télescope

Avec un **télescope**, tu peux voir des choses qui sont très loin, comme les étoiles.

tenir

Avant, Clifford était si petit qu'Émilie pouvait le **tenir** d'une main.

tente

Quand elle va camper avec sa famille, Émilie dort sous une **tente**.

timbre

Avant de poster une lettre, il faut y mettre un **timbre**.

tir au but

Émilie fait un **tir au but**.

tirer

Clifford **tire** sur le lacet du ballon.

toile d'araignée

Qui a tissé cette **toile d'araignée**?

toit

Cette maison a un **toit** marron.

tomber

Clifford risque de **tomber** s'il ne fait pas attention.

tondeuse à gazon

Une **tondeuse à gazon** sert à couper le gazon.

tortue

Les **tortues** ont des carapaces très dures.

tourner

Clifford fait **tourner** le manège.

train

On prend le **train** pour voyager d'un endroit à l'autre.

toujours

Clifford aide **toujours** ses amis à s'amuser.

tracteur

À la ferme, on a besoin d'un **tracteur**.

traîneau

C'est amusant de glisser en **traîneau** sur la neige.

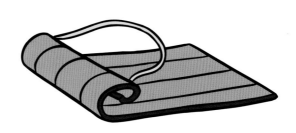

travailler

Émilie **travaille** sur une table.

traversier

Le **traversier** emmène les gens sur l'île de Birdwell.

très

Clifford est un **très**, **très** gros chien.

triste

Émilie est **triste** quand elle s'ennuie de Clifford.

trompette

Souffle dans une **trompette** comme celle-ci pour faire de la musique.

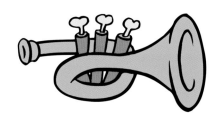

trop

Ce collier est **trop** grand pour le petit chiot.

trou

Clifford a creusé un **trou** très profond.

truffe

Clifford a une belle **truffe** noire.

tunnel

Si tu es petit, tu peux ramper dans le **tunnel**.

un

Il y a **un** seul ballon de football.

utiliser

Clifford essaie d'**utiliser** la télécommande.

valentin

Tous les **valentins** aiment offrir ou recevoir des cartes le jour de la Saint-**Valentin**.

vague

Clifford nage au milieu des **vagues**.

vélo

Clifford pédale sur son **vélo**.

vent

Le **vent** fait voler des feuilles autour de Clifford.

vétérinaire

Docteure Tang est **vétérinaire**; elle soigne les animaux.

ville

Clifford a grandi dans une **ville** où il y a beaucoup d'immeubles.

vite

Le bateau va vraiment très **vite**, et Clifford doit s'accrocher.

voilier

Le vent gonfle les voiles du **voilier**.

voiture

Cette **voiture** est rouge comme Clifford.

voiture de police

La **voiture de police** fait retentir sa sirène pour passer.

voler

Les oiseaux savent bien **voler**.

watt

L'énergie de la lumière se mesure en **watts**.

xylophone

Émilie fait de la jolie musique avec son **xylophone**.

yeux

Émilie regarde son gros
chien rouge dans les **yeux**.

zigzag

La voiture suit une route en **zigzag**.

Les chiffres et les couleurs de Clifford

Peux-tu compter toutes les choses de couleur avec Clifford?

camion de pompiers rouge

citrouilles orange

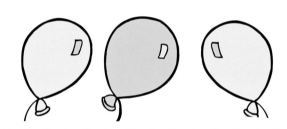

ballons jaunes

arbres verts

oiseaux bleus

bonbons violets

coquillages roses

empreintes de pattes noires

 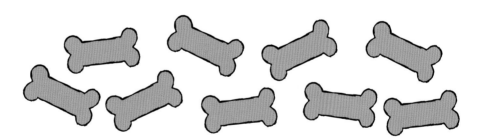

os bruns

papillons colorés

Les saisons de Clifford

Clifford s'amuse toute l'année.

hiver

Noël

Saint-Valentin

printemps

Pâques

été

Fête du Canada

automne

Halloween

Action de grâces

C'est l'heure de jouer!

Clifford et Émilie aiment faire beaucoup de choses. Et toi, qu'aimes-tu faire?

cuisiner

jouer au basketball

camper

pêcher

jouer au football

jouer à cache-cache

peindre

**faire tourner
un cerceau**

**faire du
patin à glace**

lire

skier

nager

**jouer au
soccer**

Les parties du corps

Les gens, les animaux et les poissons ont des corps différents.

fourrure

œil

truffe

oreille

queue

ventre

pattes

cheveux

sourcil

œil

nez

doigts

bras

bouche

pinces

jambe

carapace

genou

pieds

nageoire

queue

aile — bec

écailles

pattes
palmées

Les lieux où l'on vit

Les gens (et les animaux!) vivent dans des lieux très différents.

Birdwell est une **île**. Elle est entourée d'eau.

Dans les **villes**, on voit beaucoup d'immeubles et beaucoup de gens.

Le **désert** est très sec.

Dans les **petites villes** et les **villages**, il y a tout ce qu'il faut pour faire des courses, travailler et manger.

À la **campagne**, on voit surtout la nature et de grands espaces.

Les gens peuvent vivre dans une **maison**, dans un **appartement**, ou même dans une **caravane flottante**. Clifford, lui, a sa **niche**.

Les contraires

On appelle les choses qui sont complètement à l'opposé les unes des autres des contraires. En voici quelques exemples.

gros chien rouge  ⟷ **petit chien rouge**

chaud  ⟷ **froid**

vide  ⟷ **plein**

réveillé  ⟷ **endormi**

devant ⟷ derrière

monter ⟷ descendre

jour ⟷ nuit

en désordre ⟷ en ordre

dedans ⟷ dehors

heureuse ⟷ triste

Les amis et la famille

Mme Mignon est la **maman** d'Émilie.

M. Mignon est le **papa** d'Émilie.

Émilie est leur **fille**.

Mme Mignon est la **tante** de Laura.

M. Mignon est l'**oncle** de Laura.

Laura est la **cousine** d'Émilie.

Charlie et Clara sont les **amis** d'Émilie.

Clifford est l'**animal de compagnie** d'Émilie, mais c'est aussi son **ami**.

Flo et Zo sont **frère** et **sœur**. Ils ont la même **maman** et le même **papa**.

Nonosse et Cléo sont les **amis** de Clifford.

En route!

Il existe plein de façons de se déplacer.

Les gens prennent la **voiture** pour aller d'un endroit à l'autre.

Un **camion** peut transporter des choses très grosses, comme des meubles.

La **bétonnière** transporte du ciment.

Le **camion de la poste** sert à distribuer le courrier.

Le **camion de pompiers** amène les pompiers sur les lieux de l'incendie.

L'**autobus scolaire** conduit les enfants à l'école et les ramène chez eux.

Les policiers conduisent des **voitures de police**.

Le **tracteur** sert à travailler dans les champs.

Les bateaux vont sur l'eau.

Il faut ramer pour faire avancer une **barque**.

Un **voilier** file sur l'eau quand le vent gonfle ses voiles.

Un **traversier** transporte des gens d'un côté à l'autre d'une étendue d'eau.

Il suffit de peu pour être
EXTRAORDINAIRE !

Conseils de Clifford le gros chien rouge!

Partage. Si tu as un jouet et que tu laisses les autres jouer avec, tu **partages**.

Sois extraordinaire : donne à tes amis un de tes biscuits ou une de tes friandises.

• • • • • • • • • • • • • • • • •

Traite bien les autres. Suis les règles et attends ton tour quand tu joues avec tes amis ou tes camarades de classe.

Sois extraordinaire : assure-toi que tout le monde participe quand tu joues au chat, au jeu du mouchoir ou aux déguisements.

• • • • • • • • • • • • • • • • •

Respecte les autres. Respecter les autres veut dire écouter les idées des autres, même si elles sont différentes des tiennes.

Sois extraordinaire : écoute tes parents, même s'ils te demandent de ranger ta chambre ou de faire quelque chose que tu n'as pas envie de faire.

• • • • • • • • • • • • • • • • •

Travaille avec les autres.

Quand tu coopères avec tes amis, ta famille ou tes camarades de classe, tu **travailles avec les autres**.

Sois extraordinaire : construis une tour en cubes avec tes amis.

Sois responsable. **Être responsable** signifie faire ce qu'on te demande de faire.

Sois extraordinaire : lave-toi les mains avant de manger, range tes choses et finis toujours ton travail à temps.

Sois franc. Si tu es honnête et que tu ne mens pas, tu **es franc**.

Sois extraordinaire : raconte les choses comme elles se sont passées, même si tu as mangé un bonbon sans la permission ou si tu as renversé quelque chose.

Sois gentil. Sois amical et aide les autres. C'est ça **être gentil**. Tout le monde aime les personnes gentilles et attentionnées.

Sois extraordinaire : dis « s'il vous plaît » et « merci », et cherche à faire plaisir aux autres.

Crois en toi.

Si tu es courageux et que tu essaies de nouvelles choses, tu apprendras à **croire en toi** parce que tu verras qu'il suffit d'un peu de pratique pour être très bon.

Sois extraordinaire : explore de nouvelles activités comme faire du patin à glace, du vélo, des dessins ou un gâteau.

Sois un bon ami.

Pour **être un bon ami**, il faut que tu sois serviable et gentil avec ceux que tu aimes.

Sois extraordinaire : écoute et aide un ami qui en a besoin, dis et fais des choses qui rendront tes amis heureux.

Aide les autres.

Si quelqu'un a besoin d'aide pour débarrasser la table ou ranger des jouets, donne un coup de main. C'est comme ça que tu peux **aider les autres**.

Sois extraordinaire : collabore avec les autres et propose-leur ton aide.